JN439247

사랑은 어떻게 찾아 오는가

이채곤 시집

계간문예

사랑은 어떻게 찾아 오는가

■ 차례

제1부 사랑이란 이름으로

제2부 돌아가자 내 사랑아

제3부 찬란한 외출

제4부 사랑은 한 줄기 빛이 되어

제 1 부

사랑이란 이름으로

옥진이에게

우리는 지난 세월 비 내리는
가을 화랑에서 만났었지
우연히 참으로 우연히
물보라 일렁이는 바닷가에서
들국화 피어나는 들판에서
노래마저 불꽃처럼 터지는 언덕에서
비가 오나 눈이 오나 따뜻한
그림이 있는 찻집에서
나뭇잎 흔들리는 창가에서
붉은 단풍 붉은 단풍잎 바라보며
맑은 눈길 밝은 웃음 바라보며
오아시스, 오아시스 찻집에서
슈베르트 아베마리아
꿈같은 꿈 속으로 걸어가다가
어느 날 총 칼 놓고 철모 벗고
다시금 오아시스 찻집에서
붉은 단풍 붉은 울음 떨어지는
너의 빈자리 바라보며
우리는 세월 흐르는 강변에서
바람 흩어지듯 헤어졌었지.

솜털 옷 솜털 이불

참새에게는 참새 옷 참새 깃털
카나리아에게는 화려하고 아름다운
카나리아 깃털
여우에게는 여우 이야기 여우 부르는
여우 옷 여우꼬리
오리에게는 물길 물에도 젖지 않는
오리 옷 오리 깃털
사람에게는 솜털 옷 솜털 이불
한평생 따듯하고 포근한
어머니 정성으로 지어주신
솜털 옷 솜털 이불.

봄비

새벽잠 깨우는 몸 뒤척이다가
밝은 빛 부르는 까마귀 우는 소리 들리니
아침에 까마귀 울면 나쁜 소식 온다 하여
불안한 마음 조용히 창문 열어보니
창가에 내리는 이른 봄비
산천에 숲 속에 마른 나뭇가지에
네 마음 촉촉하게 적시며
잠든 꿈 깨우는 봄비 소리.

새벽잠

새벽잠 설익어 얕은
불안 초조 말문이 막혀
창호지 낡은 방문 밖으로
새벽 어둠 싸락눈 내리는 소리
너의 잠은 두려움에 갇혀있고
여객선 마지막으로 머무르는 곳
헤어지는 사랑마저 싣고 떠나는
꿈길 망망대해 건너갈
이래저래 생각하니
불길한 걱정 앞서가는도다.

그대 떠나는

어쩌나 겨울 추위 머뭇거리는
늦은 겨울비 이슬비 내리고
외롭고 쓸쓸하고 처량하여
스치는 바람에 문풍지 울고
어두운 밤 어둠 머무르는 아직은
머무를 수 없는 너를 부르는
나뭇잎 떨어지는 끝자락
귓가에 모차르트 피아노 협주곡
선율 따라 그대 얼굴 희미한
창가에 흐르는 메마른 웃음
어이 세월 지나가는 강변에
하늘 가르는 화살 하나
가슴에 꽂히고 찌르고
피 흘려 피 묻은 손 흔들며
그여 그대 떠나가는가.

봄·순남이

그대 오늘 보라색 투피스
검은 눈동자 깊은 맑은 샘 흐른다
한 잔의 커피, 유방산 기슭에
아지랑이 넘실거리고
하늘 꽃 빛나는 개나리 꽃봉
네 기쁨 만남을 위하여
기다림은 겨울 속을 걸어왔다
쓰라린 이별은 길었지만
이제 사랑은 울타리를 넘어온다
오, 순남이 그대의 눈부신 눈길
파릇파릇 풀잎 돋아나는
봄빛 출렁이며 네 가슴에 넘친다.

모차르트

새벽마다 모차르트 만나러 가니
안뜰 마당에 종려나무 숲 우거지고
수풀 깊은 강물 흐르고
차마 가슴속 흐르는 강물 따라
흘러가니 기쁨인가 눈물인가
네 마음 깊이 흐르고 흘러서 넘치는
멈출 수 없는 서러움이 흘러서
높은 산 골짜기 돌아가는 외로움
외로움이 사랑일까
서러움이 사랑일까
그대 떠나가는 뒷모습 바라보며
눈물 한 방울 떨어질 때
모차르트 플룻과 하프를 위한 협주곡
네 가슴 깊은 강으로 흐른다.

사랑이란 이름으로

사랑이란 이름으로 얼마나 많은
아이들이 태어나고
아이들이 버려지고
전쟁이 일어나고
사람들이 싸움을 싸우고
사람들이 죽임을 당하고
거짓과 미움이 몰려오고
연인들이 상처를 받고
어디서나 십자가 부서지고
나무들이 꺾이고 불 지르고

오, 사랑이란 이름으로
얼마나 많은 사랑이 사랑으로
눈멀어 귀먹어 벙어리가 되는가.

유리벽 속의 조형물

북쪽으로 세워진 통유리 벽 속에
조형물이 설치되어 있다
작은 수풀이다
나비도 있고 새도 있다
하얀 꽃들이 뭉게구름 피어나듯 피어있다
초록의 나무 잎새들이 금세 바람에
펄럭이며 솟아난다
그러나 유리벽 속에 바람은 불지 않는다
숲은 벽 속에 갇혀있고
수풀 속으로 생기가 가라앉는다
나비와 새들은 생명을 잃었다.

목욕

겉옷을 벗는다
삐걱거리는 다리에 나사를 조이고
뒤집어쓴 죄로 더러워진 몸뚱어리
부끄러운 알몸을 드러낸다
바가지 물 퍼부어 세례를 받는다
스스로 씻는 씻음이 아닌
씻기워지는 땟물 자국이 아프다
다시 갈아입는 화려한 옷으로
나사 풀린 욕망의 껍데기들
깨끗이 맑아질 수 있을까.

태풍

아름다운 것들 사라지고
소중한 것들 떨어지고
꿈마저 서러운 꿈 흩어지고
거칠고 무서운 태풍
거친 비바람에 나무들 부러지고
황폐한 아침 허망한 저녁
생명의 들녘 물속에 잠기고
으스름 추워지는 가을날
사랑의 빛나는 과일
넘치는 어둠 속에 떠내려가고.

오빠에게 보내는 편지

아침에 까치가 우는 날
시골 책방에 들러
'오빠에게 보내는 편지'라는 책을 보았다
순남이의 책이었다
과테말라 산골 오지마을에서
원주민 인디오들과 함께 생활하는
자원봉사 활동을 기록한 체험담이었다
책갈피에 초록의 푸른 나뭇잎
바람에 펄럭이고 있었다
오후 맑은 날, 때마침
순남이의 편지를 받았다
반갑고 그리운 사랑의 편지
산허리를 맴도는 은은한 목소리
목소리 옷깃을 스치며
젖은 눈가에 어리는 순간
비탈길 좁은 돌계단 비틀거리다가
발 헛디뎌 넘어지고 말았다

힘겹게 일어서니 꿈이었다.

너의 목소리

새벽 풍금 소리 울리는
잠 밑으로 내려가다가
불안한 꿈 보따리 들쳐메고
메마른 사막길 방황하다가
문득 아득하게 들리는 피리소리
눈물 깊은 골짜기에서
곳곳마다 자욱한 새벽안개
안개 걷어내며 꿈에도
아름다운 네 얼굴
닫힌 문 어이 열고 걸어오는가
한밤 갈길 몰라 헤매이는
한숨으로 지새우는 뼈 아픈
무거운 시름 걷어내며
새벽을 달려오는 맑고 영롱한
너의 목소리
추억마저 흐릿한 눈가에 머무는
사랑, 너의 목소리.

꿈 속에서

밤에 꿈 속에서 뻐꾸기
우는 소리 들으며 걸어가다가
바흐의 하프 협주곡 언저리를 지나
비발디의 지난 재앙은 끝났다
소식 울리는 계곡 문에서
왜 내 시신경은 멈추어야하는가
질문에 갈팡질팡 후회와 불만의
헐벗은 산 힘겹게 기어오르다가
모차르트 클라리넷 소나타 서러운
강가에서 강물처럼 흘러간 지난 세월
뒤돌아보며 희망은 다시 날개를
날개 펼쳐 날아오를 수 있으려나
보이느니 눈 안에 메마른 허허벌판
아, 아직은 기다릴 수 있으려나
꿈 같이 피어나는 붉은 장미꽃.

장미꽃 시들어

그대 사랑합니다 말 하지만
아직도 사랑을 믿는 사람들
세상에 남아있나요

한때는 여기저기 곳곳마다
알몸으로 뒹굴며 거품 쏟아내더니

싫어하고 미워하고 세상 깜깜하게
어둠 넘치어 흘러 떠나가니

웃어야 하나요 울어야 하나요

이제 장미꽃 시들어 떨어졌거늘
아직도 사랑이란 말 살아있나요.

굴뚝새

물안개 자욱하여 흐린 날
산촌 초가 돌담에 굴뚝새 날아와
소리 없이 물안개 깃털 쪼아대고
물안개 물소리 흐르고 흘러서
잎새 저무는 저녁
흐리고 흐린 물방울 떨어지니
초가 굴뚝 연기 사라지듯
굴뚝새 날개바람 흔적 없이
날아가노라.

나를 팔아요

나를 팔아요
나를 사세요
하루를 같이 지내려면 십만 원입니다
귓구멍을 후벼주는데 만원
콧구멍을 후벼주는데 만원
혓바닥을 빨아주는데 만원
눈알 닦아주는데 이만 원입니다
눈알 빛이 맑아야 아무래도
세상을 좀 더 잘 볼 수 있을 테니까요.

이 나이쯤에서

이제 이 나이쯤에서는
악한 여인에게
말로 꾀이는 여인에게
꿀 같은 입술의 음탕한 여인에게
함께 손을 맞잡고
어두운 길이라도 걷고 싶어라.

사랑의 사람아

특별히 선민의식을 가질 때 이미 선민은 선민이 아니다 시인이 어려운 말을 말할 때 이미 시인은 시인이 아니다 믿음은 믿음을 따라 소망은 소망을 따라 사랑은 사랑을 따라 소리들 모아져 울릴 때 울리는 꽹과리 소리가 되고 가슴 아픈 북소리가 되고 시름겨운 피리 소리가 되고 사랑의 손길 아침 문을 열 때 어둠 걷는 빛의 그림자 문밖에 어느덧 찾아오는 바람 지나가는 얼굴 보게 될지니 낮은 곳으로 흐르는 물소리 비로소 내 마음 깊은 곳으로 그리하여 사랑의 사람아 그대 창가에 피어나는 장미꽃을 보리라.

그대의 아름다움

그대의 아름다움은 온전히
거짓 가꾸지 않아서 좋아라
피부색 조금은 검을지라도
웃는 얼굴 맑고 밝은 아침처럼
겨울도 지나고 비도 그치고
나무숲 그늘에 비둘기 울음

그대의 아름다움은 온전히
꾸밈이 없어서 더욱 좋아라
작은 산 작은 언덕 작은 오두막
밝은 웃음 어우러져 짙은 초록
날 저물고 그림자 길어져
오솔길 금낭화 피어나듯이.

기다리기

저녁 먼 산에 해 저물고
산골바람 계곡에 흘러서
노을 붉게 타오르는 서쪽 하늘
들리는가 긴 한숨 고르며
아득하게 떠나서 부르는 물소리로
기다리는 네 사랑 가슴에 헛도는.

사랑의 무지개

꿈길에서 만나는 너의 얼굴
아름답고 어여쁘고나
따스한 숨결 가벼운 입맞춤
달콤하고 감미로워라

잊어버리자 다시 또 잊어버리자
날마다 몇 번씩 다짐하지만
가슴에 가득한 추억의 회색 안개
걷어내고 걷어내지만

오늘도 이슬비 내리는 아침 하늘에
일곱 색깔 사랑의 무지개 뜬다.

제 2 부

돌아가자 내 사랑아

환상

산골 산길을 홀로 걷다가
마침내 산골 산마을에 다다라서
작은 바위 위에 걸터앉아
쉬어 가노라 담배 한 대 피우고
바라보니 눈 안에 가득 한순간에
산골 산마을 불길 타올라
희미한 연기 속으로 멀리
불현듯 흔적 없이 사라졌느니

아, 이 무슨 어쩔 수 없이
마른하늘에 날벼락 치는 일인가.

술 마시고

술 마시고 많이 마시고
정신 잃은 자가 되어 비틀거리다가
아, 한 밤 갈길 몰라 헤매이다가
잠시 창가에 부르는 소리 들려
오래도록 닫힌 문 열고 보니
먼 산 봉우리 에우는 구름 몇 자락
수풀 끝 흐르는 바람 한 줄기
산비둘기 산골짜기 울리어 우는가.

옥순아 같이 살자

하루라도 허투루 살 수는 없으나
사람 사는 일 그저 그렇고 그러니
어제는 이미 지나가고
내일 또한 별 볼일 없으리니
사람 사는 게 뭐 별거더냐
헛되고 외로운 세상
옥순아, 나하고 같이 살자.

까마귀

까마귀는 어이 아침에 깨어 울고
저녁에 모여 우는가

해 뜨고 해 지고
낮이 되고 밤이 되고

날갯짓 몇 번에 잠깐
스쳐 지나가는 하루

어둠 내리는 산 그늘 서러움이
목이 메어 우는가.

글꼴

긴 하루 늦은 그림자
산 너머 일어서는 어둠
바쁜 골목길 빠른 걸음
밤이면 만나는 여자 잠옷
싸늘한 이별의 입맞춤
열쇠 잃은 유체이탈
육체를 바라보는 허탈한 공포
이웃집 남자의 기침 콧물감기
창가에 시든 그대 종이꽃
글꼴 가리는 시인들 그림.

희망

겨울
마른 나뭇가지 밑에 앉은
어린 꿈들은 아름답다.

반가운 손님

보라 반가운 손님이 오시는도다
회색 짙은 하늘 아래
회색 집들의 창문을 두드리며
산마루 고개를 넘어
초록의 수풀을 지나 웃음 가득 머금고
손님이 오시는도다 사랑하는 이여
창문을 열어라 가만히 가만히
발걸음 내딛는 사랑의 소식을 들어라
들리는 소식마다 반가운 소식이로다
물안개 자욱한 이른 비 늦은 비
하나로 모아 새싹들의 씨앗을
깨우는 숨소리 그윽한 숨결이로다
오, 새로운 호흡으로 숨 쉬며
웃음 웃어 메마른 가슴 다정하게
어루만지며 봄비가 오시는도다.

춘메이

너의 이름처럼
겨울의 끝자락에서 봄소식
가장 먼저 꽃망울 터트리는
봄 매화
네가 한국에 있을 때 건네준 선물
중국 술 한 병 알콜 도수 육십 프로
지금 술 이름은 잊었지만
술 한 잔에 기절할 뻔했었지
정신 아찔하여 분홍꽃
분홍빛으로 화려한 네 얼굴
춘메이 너는 지금 어디 있느냐
황톳빛 황하강 흐르는
그 넓고 넓은 중국 땅.

가노라 가는 곳까지

스스로 정한 일이 어느 날 이루리오
세상사 정함 없음이
하늘의 뜻이거늘
강물 흐르고 세월 흐름이
자연의 순리일진대
흐르는 시간 위에 배 띄어
가노라 가는 곳까지 가보리라.

봄비

봄비가 내린다
봄비에 꽃이 핀다
꽃잎에 어린 물방울
그대 얼굴 보인다.

봄맞이

흐리고 또 흐리고
가끔 비 내리고
하여 날씨 궂어 불편한 느낌

그대를 만나기가 쉽지 않듯이
봄맞이 길 또한 어렵기만 하구나.

꿈속의 밤

그곳은 울타리 둘린 사당이었다
해거름이 지나 어두움이 내리고
어렵고 힘든 세월을 살아온
가난하고 초라한 바랄 것도 없이 지겨운
기도가 끝날 즈음 흐릿한 촛불이 꺼졌다
갑자기 사당의 벽들이 흔들리고 촛대가 떨어졌다
번개처럼 스치는 오싹한 전율이 등골을 타고 흘렀다
세상은 언제나 예측불허다 잠시 잠깐의 다음도
잠기지 않은 출입문이 열리고
험악한 얼굴의 한 사내가 화해의 손길을 내밀었다
우리들의 세상 모두는 이웃이다
사내는 초대장을 읽으며 그의 집으로 인도했다
풀숲 앞마당을 지나 어둠을 차곡차곡
쌓아올린 거대한 나무 한 그루 하늘 받치고
우람하게 솟은 그늘 밑에 작고 투명한 오두막
식탁이 놓인 자리에서 술 한 병과 술 한잔의
노동의 무게가 목구멍을 저리게 했다
어리둥절 어울린 취기가 찌든 심장을 이끌며

언제나 너저분한 일상의 밤거리로 내몰고
어두운 길거리 모퉁이에서
번쩍거리는 빨간 구두를 신은 젊은 여인을 만났다
그대는 누구인가 하, 많은 여자들 중에
생각해 보니 그녀는 옛 친구의 여동생이었다
듣고 보고 다를 바 없는 대화
이야기를 나누며 우리는 술독 속에 빠지고
마침내 어둠이 가득한 방에서
긴 밤을 신음하며 쾌락에 몸을 맡기며
기진맥진 행음의 젖꼭지를 빨았다
여인은 우리들의 병든 영혼 언저리에
소주를 뿌리면서 술에 젖은 웃음을 남기고 떠나갔다
여인이 잠시 앉았다 떠난 벤치에서
이웃집 남자는 떠오르는 햇빛으로 빚은
황금의 술을 마시고 있었다
빛나는 햇빛으로 술잔에 어른거리는
비틀거리는 꿈속의 밤이 사라지고 있었다.

하얀꽃

그 모양 작고 하얀 작은 하얀꽃
크고 화려하지 않지만
구름도 바람도 이슬로 고인
눈에 잘 보이지 않는 작은꽃
사랑도 행복도 즐거움도 쉬이
머물지 않는 여린 꿈을 싣고
이름도 없이 기다리고 기다리어
피어난 작은 하얀꽃.

돌아가자 내 사랑아

돌아가자 내 사랑아
우거진 숲 노고지리 우는 강변으로

낮은 산기슭에 진달래꽃 무리 지어
탱자나무 울타리 너머 바람으로
산들산들 봄바람 불어오는
생명교회 종소리 바람 타고 울리는
지금도 기다려 깨어나는 어린
풀잎 새싹들의 꿈

돌아가자 내 사랑아
우거진 숲 노고지리 우는 강변으로.

눈으로 보는 것이

때로 아무 생각 없이
눈으로 보는 것이 흐르는 그림처럼
풀이거나 꽃이거나 나무이거나
잔잔한 호수 일지라도
한갓 시린 바람으로 불어와
스쳐 지나가는 여린
목숨들이 그림자로 그림자라면
오, 어이 거기에 기쁨이 멈추느냐
슬픔이 깃드느냐
삶의 기나긴 그늘이 되어.

내 영혼의 눈

내 영혼이 나를 떠나

나를 바라볼 때에

내 꿈이 허망하도다.

사랑은 개나 주고

사랑은 개나 주고 즐기자
너는 말하지만
개마저 꼬리 흔드는 사랑을 찾나니

육체의 즐거움은 잊혀질지라도
마음의 사랑은 기억되리니

그대는 즐거움 넘치는 술잔을 들어라

차가워 식어가는 가슴
사랑 잃은 외로움에 취해
너를 잠들게 하리라.

이슬

새벽 풀잎 영롱한 이슬
이슬 어린 초록 물방울
물방울 깊이 깨어나는
맑고 밝은 아침
아침을 피어나는 보라색 나팔꽃.

틈 사이로

틈 사이로 스며드는
빛들의 수량은 얼마나 될까
가벼운 손바닥을 펴서
그 사이사이 어떻게 헤아릴 수 있을까
도무지 셈할 수 없어
네 눈동자에 어리는
세월의 무게만큼이나
슬픔의 언저리를 스쳐 지나가는
기다림이 모여서 쌓이는 그늘

문고리 마디마디 흐르는
빛의 여울을 타고 울리어
한줄기 소리로 이어지는
가슴 아픈 메아리.

내 영혼아

내 영혼아 일어나라
지금은 깨어날 때로다
잠길을 따라 꿈길을 따라
더욱 깊은 골짜기에서
잠들었던 내 영혼아
깊고 험한 골짜기에서
무엇을 보았는가
누구를 만났는가
꿈길 헤매며 주리고 목말랐던
내 영혼아
잠든 꿈은 헛것이로다

내 영혼아 일어나라
지금은 깨어날 때로다.

목마름

고향 생각하면 목마르다

함께 자란 옆집 순이
생각하면 목마르다

철없이 뛰놀던 소년시절이
지금도 목마르다

젊고 아름답던 어머니 얼굴
아, 생각하면 언제나 목마르다.

혹시 행복할까 하여

영웅호걸을 부러워하랴
혹시 행복할까 하여
우울한 생활 중에
우둔한 정신 속에서
아서라, 구름에 바람을 좇으랴
삶이 일상으로 이어져
졸음겨워 답답하거늘.

제 3 부

찬란한 외출

낙엽

마른 잎 떨어지는 소리를 들어라
긴 여름 초록의 빛깔
젊음의 뜨겁던 열열한 갈채
사랑의 황홀한 기억을 싣고
앙상한 뼈마디 허공을 휘저으며
속살 타는 비늘을 날리며
울음도 방울방울 흩어지는
오후, 해 저무는 무렵
스산한 바람에 쓸려가는
가벼운 마른 잎 눈물 소리를 들어라.

기다림

저 먼 산 허리에
바람 잘 날 차마 있으리오

벌판 굽이굽이 흐르는 강물
멈추어 쉬는 날 차마 있으리오

오랜 날 비탈길 오르내리는
해묵은 기다림 차마 걷을 수 있으리오

오늘 눈물 고인 눈 안에
저녁 어두워 겨울비 내리는도다.

설득되어

그 사람의 말이 열정으로 열변이라
면전에서 설득되어 참으로 맞는 듯하여
손뼉 치고 돌아서서 몇 발짝
목줄기 걸려 다시 생각하니
이상하다, 그 사상이
요모조모 따져보니 헛소리로다.

해바라기 꽃바구니

산비둘기 산 울리는 소리에
아침잠을 깬다
언제나 야릇한 유혹의 여인을
남겨둔 꿈을 뒤로하고
아하, 문 두드리는 소리
좋은 날의 좋은 소식이로다
여름 무더운 무더위 막바지 길목을
돌아 지나가며 네게 전해주는
해바라기 꽃바구니.

피리소리

마주보며 어울리며 함께하는
얼굴들 밝거나 어둡거나 피곤하거나
하루를 메어가는 속사정 있음에
애태우는 그 까닭 알 수 없으나
마음마다 고요하게 피리소리 들으며
안타까운 마음들 달랠 수 있다면
우리 모두 서로 위로하여 좋으련만
오늘 하늘 땅 멀거나 가깝거나
머물거나 떠나거나 빈 손짓이라
열매 없는 믿음 기도마저 허허하여
날마다 해 저물고 해 떨어지고
날마다 피리소리 메아리로 사라져 가고.

밤을 향하여

지긋지긋 무료하다 사랑마저도

하나의 시를 짓기 위하여
얼마나 깊은 허무의 그늘 속으로
허우적거리며 걸어야 했는가

보라색 포도송이 몇 개
검붉은 사과 한 알
허기진 식욕은 밤을 향하여

비틀비틀 달리는 얼룩말이 되어

너와 나의 꿈은
바람 빠진 풍선처럼 떨어지고
바람에 찢어진 꿈으로 흩어지고.

바람

하늘 쏟아져 푸른 언저리
바람 초록 잎 흔들어 하얀
나비 한 마리 날개 펄럭이는
펄럭이는 바람 눈에 보이는가.

저 강을 건널 때

나 저 강을 건널 때
여인은 내 이름 부른다 해도
거센 바람 막아서리니

나 저 강을 건널 때
여인은 내 옷소매 붙든다 해도
거센 물결 막아서리니

초롱 불빛 흘러가듯이.

사랑의 기억

내가 사랑하는 여자는 누구인가
기억마저 희미한

다만 한 여자만이라도
마음 사무치게 그리운
사람이 생각나지 않느니
까닭이야 그대가 알 듯이

나는 불행한 사람일까
아쉬울 것도 없지만.

바람의 언덕

멀리도 떠나 있어
네 영혼의 목소리 들리는

창문 열고 귀 기울여
갈대숲 흔들리는 갈대 소리
몸부림 괴로운 풀잎 소리
몸서리치게 헤이는 나뭇잎 소리

손으로 헤아릴 수 없이
눈물겹게 눈물겨운
울리는 네 가슴의 울음소리

바람의 언덕에 서면
네 눈물 내 눈 안에 떨어진다.

헛것

살고 살아있어 살아도
느끼는 마음이 없어
마음 없음에 생각이 없고
이에 아픔마저 없으니
보이는 것이 헛것이로라

헛것으로 헛되어 헛됨이로다.

상처

깊은 밤 슈베르트 만난다 하여
마음 저린 괴로움 가시리오마는

살다 보면 바위 위에 떨어지는
엇긴 씨앗들도 있나니

제 잘못 어이 탓하리오

가는 길 십자가 바라보기도
그 아니 쉬운 일

꿈에서도 헷갈리는 생각들

한평생 서툰 일손
가시에 찔리고 또 찔리고

언제나 잠 못 드는 가뭄 걱정
상한 몸 퍼져나는 아픈 상처.

봉창문

사는 것이 문득
지겹다는 생각이 들 때면
천정 모서리
봉창문을 열어보자

할머니의 한시름이 배어 있고
어머니의 한숨이 묻어있는
때저린 봉창문을 열어보자.

다람쥐

다람쥐가 열심히 도토리를 모은다 해도
만족할 수 있겠는가

다람쥐가 겨우내 도토리를 먹는다 해도
모두 다 먹을 수 있겠는가

열심히 모으고 맛있게 먹으니 좋은 일 아닌가.

귀뚜라미

귀가 낡아지니
귀뚜라미 한 마리 귀속에 산다

하루종일 귀뚜라미 울어대니
마음에 울음이 넘치지만
눈물을 흘리지는 않는다

세월이 쌓이면 한숨도 깊어지니
귀뚜라미 울음소리
그러려니 듣는다.

게으름

게으름은 병이라 하여
세상에서 가장 무서운 병이라 하니
게으른 자 병든 자
어이 아니 무서우랴

술 퍼마시고 우는 자
술 처먹고 비틀거리는 자
끝내 술병 들어
치료하려 감금하려 정신병원 가듯

게으름병 물길 내리듯
살다 보니 발병이라 할까
물려받아 이어져서 웬 말인가

세상만사 귀찮아서 게을러지니
이 또한 병나고 병이로니

한밤 야심한 시간에
슈베르트 들어서 이기고 나을 수 있으려나.

일기예보

잠자리 하품 널부러진
게으름이 산고개를 바라보며
나날이 살아야 하는 까닭을
물어오는 일기예보

창가에 피리소리 울리는
소리마다 궂은 비 내리고
아파도 비가 오니 좋아라

네 사랑 매이가 빗속을 헤매인다

때로는 애타게
창자가 뒤틀리기도 하지만

짜증을 핑계 삼아 복권을 살까

네 복이야 하루에도 언제나
한 끼 밥으로 가득 넘친다.

첫사랑

그 시작은 웅장하고 화려하게
시끌벅적 야단법석
이음새 서툴러 삐걱거리니
울리는 꽹과리 시골 소나타
넋 잃은 어느 촌놈의 첫사랑
내 첫사랑.

그대에게 장미꽃

장미꽃 한 송이 붉게 피었습니다
눈에는 보이지 않지만
내 마음에 피로 물들었습니다
가슴에 피로 맺힌 장미꽃
오직 그대만이 볼 수 있습니다
거리 먼 사랑의 장미꽃

그대에게 장미꽃을 드립니다.

사랑은 어떻게 찾아 오는가

사랑은 어떻게 찾아 오는가
아침 눈 뜨는 새벽안개처럼
새벽안개 흐르는 물소리처럼
비둘기 아침 날아오르는 무지개빛 날개처럼
마른 가슴 적시는 비처럼 눈물처럼
종소리 울리는 푸른 꿈처럼
풀잎 맺힌 영롱한 이슬처럼
푸른 싹 돋아나는 봄빛처럼
그대 입술에 흔들리는 진분홍 꽃처럼
나뭇가지 뻗어나는 커다란 하늘처럼
목마른 목 축이는 달디 단 술처럼
아, 버질리아 그대는 아는가
사랑은 어떻게 찾아 오는가
꽃처럼 눈물처럼
금빛 화살 맞아 눈먼 독사처럼.

한 숟가락

한 숟가락 먹었으니 잠자러 가야겠다
많이 먹으나 적게 먹으나
저마다 각기 다른 양이 있으니

잠들면 제발
싸우고 헐뜯고 비웃는 것 빼고
달콤하고 부드럽고 포근한
네 사랑 좋은 꿈 꾸었으면 좋겠다.

마른 잎 하나

문 닫힌 빈 공간에 떠 있는
작은 마른 잎 하나
이리저리 흔들리느니
보이지 않는 한가닥
거미줄에 걸림 이리라
보이지 않는 바람 한자락
문틈에 새어드는 까닭이리라

어이 바람의 숨결을 볼 수 있으리오.

담배 피우는 여자

담배를 꼬나물고 담배 연기 날리며
낮은 창가에 걸터앉아
담배 피우는 여자
가끔씩 꽃밭을 거닐며
장미꽃 향기, 해바라기 그늘 밑으로
하늘 파란 옷소매 붉은 치맛자락
초록 풀잎 나뭇가지 흔들리는 바람에
도톰하고 긴 입술에 담배 내음
오후 무더운 한나절 여자는
꽃잎 띄운 검붉은 포도주를 마신다
버릇없이 야릇한 미소
풍만한 가슴이 눈 시려 놀라게 하는
가까이 하기에 망설이고 주저하게 하는
담배와 포도주를 즐기는 여자
꽃밭에 꽃들이 나무숲에 과일이
유리창 반짝이는 언덕 벽돌집에 홀로 사는
누구는 여자를 친척 없는 처녀라 하고
누구는 여자를 젊은 과부라 하고
누구는 여자를 도시에서 숨어 옮겨온
풍문이며 소문이 가득 떠도는

허나 그따위 소문이 무슨 소용이냐
저녁 해 지는 무렵 해거름 친구하여
여자는 벤치에 앉아 담배를 피운다

너는 풀숲에서 가슴 조리며 아무도 모르게
여자를 조심스레 바라본다
풍만하고 매혹적인 매력이 넘치는 여자
사모하는 마음은 괴로운 즐거움이다.

찬란한 외출

오늘날 첨단 과학 시대
어쩌나 수백만 명 죽어 떠나는
몹쓸 병 걸려 비몽사몽
여우야 여우야 죽었니 살았니
겨우 목숨 부지하고 일어나니
사람의 목숨이 불현 티끌이라
잠시 한 달이 몸 사려 지나가고
밝은 날 친구 찾아 문밖에 서니
오, 햇빛 한번 눈부시다.

제 4 부

사랑은 한 줄기 빛이 되어

나를 사랑한다면

그대 나를 사랑한다면
아침 창문을 여십시오
산 그늘에 뻐꾸기 울고
강가에 개나리 피어납니다
이른 봄 꽃구름 머무는 지금
그대 나를 사랑한다면
숲길 길섶으로 나아오세요
봄빛 깨어나는 오솔길 걸어갑시다
그대의 맑고 밝은 눈망울에
들길 벌판을 지나
강물 물결을 건너
마음속 따스한 사랑
꽃으로 터지는 노래소리
가만가만 들으며 함께 갑시다.

잠들기 전에

잠들기 전에
잠들기 위하여
숫자를 센다
숫자에 어리는 환상의 세계
물의 바다 빛깔의 향연 별들의 세상
아름다운 여인의 유혹 꿈속으로
깊은 잠 속으로 잠들기 위하여.

한 시대는 저물고

어느날 갑자기 사라졌다
옆집 김씨 아저씨
두들기면 목탁소리 난다
율 브린너 대갈통
세월은 빠르고 입맛도 변한다
산 넘어 저 너머 사막을 가로질러
아라비아 상인들이 사라지고
해는 지고 바람은 잠들었다
너희가 게 맛을 아느냐
요즘은 개고기를 먹지 않는다
그대는 늙고 한 시대는 저물고 있다.

네 사랑은

네 사랑은 차지도 아니하고
뜨겁지도 아니하고
미지근하여 너무 좋아라
사랑의 참맛을 아는 자라면
겨울은 너무 춥고
여름은 너무 더우며
가을에는 떠나가나
봄이면 훈훈한 산들바람
냇가에 피어나는 버들강아지
힘들지도 아니하고
숨차지도 아니하고
가볍고 부드러운 숨결
네 사랑은 봄볕에 피어나는
분홍 꽃으로
맑고 따스하여 너무 좋아라.

열린 문

문이 열리어 있으니
소리 들리면 들어오세요
무지개 시장 펼쳐 있음에
일곱 등불 밝히어 밝으니
번개 치고 우뢰 울어도 놀랄 일 없으리다
살면서 원하는 것 유리와 수정과
필요한 보석 목걸이
믿음 소망 사랑 진실의 눈
마음 따라 가져가도 좋으니 뜻대로
즐거운 노래를 불러도 좋으리다
노랫소리 울리어 열린 문 더욱 열리고
소리 소리 들리니 모두 들어오세요.

자살하지 마세요

자살하지 마세요
내 목숨은 나의 몫이 아닙니다
낳으신 아버지의 자랑이요
끝없이 마르지 않는 사랑
기르시고 아껴주신 어머니의 생명입니다
땅 위에 꽃이 피고
열매를 맺는 것은
언제나 나를 환영하는 손길이요
비 내리고 눈 쌓이는 것이 또한
나를 보듬고 품어주는 하늘의 뜻입니다
자살하지 마세요
나는 세상에서 소중한 사람
서로 돕고 감사하며 함께 살아갑시다.

공황장애

의사는 고개를 끄덕인다
찾을 수 있을거냐 청진기 손놀림이
뭉크의 공포를
그려진 그림을 볼 수는 있을지라도
속 깊은 그 내면의 어둠은
밤과 밤의 모퉁이를 찢어내는
주변을 흔들어 부수는 고함소리를
세상을 선별하는 진단으로
공황장애, 빨간 잉크가
종이의 빈칸에 채워지는
부정을 시인하는 판결을 선언한다
햇볕을 가리며 어둠마저 가리우는
궂은 비 하루를 내리듯.

그대의 사랑

그대의 사랑은 언제나
진실을 원하며
진실을 말하기를 바란다
진실이 샘물처럼 마음에 넘치기를

그대의 사랑은 거짓을 버리며
밝은 빛으로 빛나는 빛 그림자

사랑의 빛은 어둠을 쫓아내나니
어두운 곳에 아픔이
찌르는 가시나무 가시 돋아나듯이.

사랑 그대 목소리

허허벌판 마른 땅
무너진 생명교회 종소리
눈 내려 눈발 날리며
꿈길 흔들어 깨우는
사랑 그대 목소리
저무는 겨울
차갑게 울리며 흐르는.

말하지 마세요

말하지 마세요
가끔씩 버려지는 생각들
뒤척이는 꿈에서도
빗줄기 가슴을 저미는
어렵고 힘들지라도
미워하고 미워하는 마음

말하지 마세요
사랑마저 쉬운 일 아니라고.

칭찬 그 이후 1

요즘 날씬하네요
예쁘네요

칭찬 그 이후
얼굴에 웃음 멈춤이 없어라.

칭찬 그 이후 2

몇 달 지나 멀리
짐 옮겨 이사 가는 날
고마워요 인사 남기고 떠나니

좋은 말 한마디 얼마나
사람의 마음을 묶어 보낼까.

학

닭무리 중에 한 마리 학이라
이게 바로 으뜸이로니

네가 바라고 바라는 바로다.

멍- 때리기

아무 생각 없이 멍- 때리기
멍청하게 숨 쉬는 시간
바람 달려와 창가에 쉬는
수풀 산비둘기 울음
잔잔한 물결 흘러서 가슴에
강으로 건너서 가고 오고

잠시 몸 풀어 쉬려하여 쉬려하나
끝도 없이 쉼도 없이 낡은
귓속을 울어대는 귀뚜라미

아서라, 귀뚜리여
비가 오나 눈이 오나 흘러서
물로 흘러 함께 흘러.

재수 옴 옴아

재수 옴 옴아 복권에 당첨된다면 바닷가에
창문 넓은 초록 지붕 큰 집을 짓고 바닷바람 불러
물어보리라 소년 시절 예쁜 얼굴 미자는 어떤
사람 만나 행여 행복하여 달콤하게 살고 있느냐고
더불어 황하강 넓은 물길 거슬러 올라 황토빛
흐르는 황하강 강바람 불러 인사도 없이 떠난
넓고 넓은 중국 땅 춘매이는 어디 사느냐고
사노라 궁금한 것 많으니 햇빛 밝은 그 한 날
과테말라 숲 그늘 꽃밭 거니는 버질리아
초대하여 즐거운 노래로 잔치를 벌릴 수 있겠느냐고

설령 바람 잡는 개꿈 꾸지 말라는 말을 들을지언정.

새는 서로 다른 목소리로

아침에 새가 노래한다
아침에 새는 희망을 노래한다
아침처럼 밝은 사랑을 찾아서

새는 서로 다른 목소리로
서로 다른 사랑의 색깔을 부른다

사랑은 빨간색 사랑은 노란색
사랑은 파란색

사랑도 때를 따라 색이 바래면
어두워지고 검은 어둠이 되는 것일까

저녁에 새가 운다
저녁에 새는 외로움을 운다
사랑도 헤어지며 떠나가는 것

저녁에 울음 우는 새는
사랑이 그리워 운다.

사랑은 한 줄기 빛이 되어

만나고 헤어지는 일들이
세상사 일상으로 이어지는 삶 가운데
보이거나 보이지 않는 것들
들어서 듣거나 듣지 못하는 소리들
때로 마음에 울려 느끼는 고개 너머
흐르는 구름의 얼굴을 스쳐 지나며
계절 따라 오고 가는 아름다운
나무숲 나뭇잎 빛깔
잡으려 하나 손에 담을 수는 없어도
마음에 남아 어리는 꽃처럼
날마다 사무치게 헤일 수 없는 그리움마저
사랑이란 이름으로 가슴에 내려서 쌓이는
마디마디 뼈마디 아프고 저린
사랑은 한 줄기 빛이 되어.

꽃처럼 아득한

그대 유년의 뜰 에우는
슬픔의 색깔은 흰색인가 검은색인가
세월에 나날이 쌓이는 괴로움은
어느쯤에서 직선으로 오는가 곡선으로 오는가
낮과 밤의 틈 사이를 지나며
두려움은 몇 글자의 단어와 말글로 이어지는가

빛으로 빛되어 빛을 바라서
손과 손을 마주 잡는 사랑은 어떤 소리로
울려서 강으로 바다로 흐르는 것일까
잠시 순간을 따라 사랑으로 울고 웃는
너와 나는 이 세상에 무엇으로 남아
물에 젖은 씨알 심을 수 있으려나

아, 애달퍼라 그대여
흙에서 흙으로 태어나 흙이 아닌
가슴에 꽃으로 피어서
꽃처럼 아득한 눈물이여.

계간문예시인선 186

이채곤 시집 _ 사랑은 어떻게 찾아 오는가

초판 인쇄 2023년 6월 25일
초판 발행 2023년 6월 30일

지 은 이 이채곤
회 장 서정환
발 행 인 정종명
편집주간 차윤옥

펴 낸 곳 도서출판 계간문예
주 소 03132 서울 종로구 삼일대로 30길 21 종로오피스텔 1209호
전 화 (02) 3675-5633 팩스 (02) 766-4052
이 메 일 munin5633@naver.com
홈페이지 http://cafe.daum.net/quarterly2015
등 록 2005년 3월 9일 제300-2005-34호
연 락 처 03132 서울 종로구 삼일대로 32길 36 운현신화타워 305호
인 쇄 54991 전북 전주시 완산구 공북1길 16, 신아출판사
ISBN 978-89-6554-273-5 04810
ISBN 978-89-6554-118-9 (세트)

값 10,000원